JN408741

사랑도 안개다

이 석 락 제6시집

도서출판 청옥문학사

시인의 말

글을 펴내는 것이 조심스럽기만 한 것이 아니라 덜 익은 과일을 내놓은 찻상 같아 독자에게 미안하다. 훗날 글을 좋아하는 후손이 있으면 당연히 할아버지의 글을 읽고 싶어 할 것이다. 내 글이 집 안에서 사라지고 내가 살았던 일조차 후손들에게 지워져도, 어떤 경로로 할아버지가 시인임을 알아본 어느 후손이 국립도서관이나 국회도서관 등 국립장서관에 가서 내 글을 찾을 것이다.

그 바람(희망)이 엉뚱하기는 하지만 엉뚱한 욕심을 버려야 한다고 생각하지는 않는다. 그들은 바로 내가 아닌가! 우리는 자신도 모르게 할아버지가 자신임을 굳게 믿는다.
내 글이 한낱 일기日記 같다 하더라도, 뒷날의 내가 전날의 내 일기를 읽는 것까지 금할 이유가 되는 것은 아니다.

수 세기 뒤
내가 한가할 때
내가 글을 쓰고 싶을 때
그때도 커피가 있으면 좋겠다
쉬엄쉬엄 커피 한 잔 마시며
내 일기장을 펼친다

수백 년 전에도 가족을 사랑했구나
그때도 짝사랑은 애석했구나
그때도 산다는 것이 행복도 불행도 아니었구나

살고 싶고
먹고 싶고
사랑하고 싶고
사랑받고 싶고
이루고 싶고
영원하고 싶고
욕심은 한이 없고
아하, 옛날에도 그랬구나.

– '먼훗날' 전문

2014. 8. 2.

단풍나무 우듬지에 견우직녀가 만나는 칠석날 밤
평생을 의탁한 오두막에서.

●● 목 차

제 1 부

사랑도 안개다

제 2 부

복주머니

제 3 부

나는 중장비를 타고 다닌다

제 4 부

떠돌이 고양이

제 5 부

다시 안갯속으로

제 1 부

사랑도 안개다

사랑도 안개다

안개 걷히고
돌담에 나뭇가지에
갓 꺼낸 아기 옷 냄새
비가 두드려대던 풀잎은
목욕 마치고 강보에 싸여
엄마 보고 까르르 웃는다

사랑은 안갯속이다
안개 너머 새 길 있다고
죽느냐 사느냐를 잊으라 한다
길은 멀어도
힘차게 걸어라 한다

하늘 같은 사랑 돌아보며
강을 건너는 그 사람 뒷모습
쓸쓸한 그림자 위에
새로운 시작을 말한다

촉촉이 젖은 밭둑 길 걷는 아가씨
어젯밤 속 끓인 사랑에
키도 한 뼘은 자라고
옷고름 더 곱게 팔랑인다.

그리움

그 절은 아름다웠다
그 절을 지날 때마다
나는 단청을 새로 한다
묵은 칠 따라 덧칠을 하지만
덧칠을 할수록 더 곱다

그 절을 지나가지 않을 때도
어떤 때는 하루에 몇 번씩
어떤 때는 오랜만에
덧칠을 한다
덧칠을 할 때마다 한 가지씩
묵은 칠보다 곱게 칠한다

덧칠을 할수록
나는 윤기가 빠지고
절은 아름다워져
절은 내게서 멀어지고
절은 내게서 멀어지고

덧칠을 멈출 수 없어
덧칠을 하면서 눈물짓는다.

그대 있어야

꽃바람* 온다더니
단풍 드는 구월에도 가슴은 엄동
댓돌에 낙엽 소리 서성이다 돌아가도
문설주에 기대어 서쪽 하늘 본다만
그대 있어야 꽃바람 오지

문밖에 자박자박
나그네 소리 귀뚜라미 울음
산마루 걸터앉은 새벽달 사라져도
문설주에 기대어 서쪽 하늘 본다만
그대 있어야 꽃바람 오지

오늘도 새털구름
소식도 없이 동쪽으로 가는구나
눈물로 반짝이다 견우직녀로 만날까
문설주에 기대어 서쪽 하늘 본다만
그대 있어야 꽃바람 오지.

*꽃바람: 꽃이 필 무렵에 부는 봄바람.

그리움은 풍선껌 같다

쉬었다 다시 씹어도 부드러운 촉감
앞니로 자근자근 어금니로 꼭꼭
돌려 씹어도 말랑말랑
혓바닥으로 눌러도 얌전한 풍선껌

잘 못 만든 풍선이면
처음부터 다시 시작하고
턱뼈가 아프면 언제든지 쉬고
해 질 녘 다시 씹어도 넘쳐나는 탄력

먼지 날리던 신작로의 배웅이
이별일 줄 몰랐던 그 사람은
아침 햇살에 흔들리는 꽃창포

울적하면 씹고
외로우면 씹는
그리움은
풍선껌 같다.

내 사랑은

사랑은
옹색한 화단에도 잡초처럼 살아난다

사랑은
푸른 하늘에도 작은 구름처럼 피었다 사라진다

가슴 가슴 가득한 뜬구름보다는
저녁상에 차려진
대궁*이 사랑이다

잡지 못해 한숨짓는 달빛보다는
눈이 감길 때
다리 뻗고 덮을 낡은 이불이 사랑이다

불행은 버리고 싶어 사랑할 수 없고
행복은 버릴 수 없어 사랑할 수 없다

내 사랑은
떠날 때 휴지통에 버리고 잊을 수 있어야 한다.

*대궁: 먹다가 그릇 안에 남은 밥.

달밤

온 산에 달빛 비
사슴 두 마리 얼굴 비비는 물안개 하늘

항아* 옥빛 손가야금 병창에
단풍 흔들던 달빛은 골짜기로 흐르고

옥토끼* 그리던 산토끼는
선녀가 내리는 두레박을 기다린다

바람에 머루 냄새 묻어오고
꿩들 잠꼬대 이슬에 맺힐 때

이내* 자욱한 산모롱이 돌아
벚꽃 비 맞으며 오는 사람

가까이 가까이, 사각사각 사과 냄새
아, 그 사람

까마득한 세월 너머 두고 온 그 사람
오월 보리밭 물결보다 푸르게 걸어온다.

*항아: 월궁항아月宮姮娥. 전설에서, 달에 있는 궁에 산다는 선녀.
*옥토끼: 달 속에 산다는 전설상의 토끼. ≒옥토
*이내: 저녁나절에 멀리 보이는 푸르스름하고 흐릿한 기운. 〈동의어〉 남기

천태산*그 후

강 건너 어디쯤이
원동 기차역인가
옛 모습 아련하여
나뭇가지 사이로 보는 강 건넛마을은
물안개에 덮여 나른하다

감로정사* 뒷산 그늘에 마른 허리 쭉 빼고
없는 듯 있는 진달래이듯
얼크러진 나뭇가지에 걸린
물안개 뒤 순매원*이듯
천태산 가는 길은 가물거린다

낙동강 둔치 들꽃 사진 찍던
이름 잊은 아가씨가
물 위에 어리는 그림자처럼
먼 산에 일렁이고
봄나들이 길에
가슴 출렁이던 천태산 골짜기
꿈속에 걷던 길처럼 아는 듯 낯설다.

*천태산: 경남 양산시 원동면과 밀양시 삼랑진읍 경계를 이루는 산.
*감로정사: 경남 김해시 상동면 감로리(화현)에 있는 기도소.
*순매원: 경남 양산시 원동면 경부선 철도접도구역에 붙은 매실 농장.

낙엽시화落葉詩畵

종이 가방 안 낙엽시화는

말린 꽃이네!
물색 종이를 꼬아 만든 끈으로
종이 뒤쪽이 도드라진 것은 단풍 잎맥 때문

예쁜 꽃은 그늘에 말리고
고운 낙엽은 책갈피에 끼워
잊은 듯 기다리고
꽃과 단풍에 맞는 시를 섞이
코팅하고 오려내고
말린 꽃줄기 얹어 매듭으로 묶는 일
벽에 걸면 바탕은 비스듬히 시는 똑바로 서도록
무게를 잡는 일
흐트러지고 지워지고
또 흐트러지고
당신은 할 수 있겠는가

시화 속의 내 시詩는
가을 가득 달빛 뿌려놓고
보리밭 물결보다 푸른 사람 손을 잡는데

당신은 버릴 수 있겠는가
손수 만든 시인의 얼굴
산골 아가씨가
단풍나무에 숨어서 나를 부르고
숨바꼭질 아이들이
꽃밭에서 내미는 고향의 손.

*낙엽시화: 어떤 형태 안에 시와 가공한 낙엽을 배치하여
장식용으로 만든 작품.

사랑 사전에 포기는 없다

수평선에 목만 내밀고 무작정 달려와
해운대 바위를 얼싸안지만
바다가 파도를 끌고 간다

번번이 부서지는 꿈인데도
바다가 한눈파는 사이
다시 온 파도는
거품을 토하고
기다리넌 바위의 무릎 위에 쓰러진다

바다의 허락을 받지 못한 파도가
달밤에도 별밤에도
간절한 눈빛을 남기고 끌려간 자리에
퐁당퐁당 떨어진 별이
철썩철썩 흩어져
바다가 하늘이 된다.

첫사랑

6월 고향 들
금빛 보릿단 냄새

때로는
역광逆光에 비춰보는 풀잎 연초록.

파도

그리움은 파도
닿지 못하고 부서져도
다시 밀려오는 먼 옛날

만날 것 같아 에돌아가도 만나지 못하고
있는 줄 알아도 바로 가지 못하여
마음만 부서지기를 거듭
부서진 마음이 파도가 되었다

풀잎에 햇실 파닥이는 길
무심히 왔다가
겨울나무 넋두리만 듣고 가지만
아지랑이 너울대던
먼발치 뒷모습

부서지기를 그치지 못하는 것은
부서진 마음도
파도이기 때문이다.

긴 밤을 국화는 혼자 지낸다

꿈길에 어머니를 만나고 오는 길은
캄캄한 방이 엘이디* 빛에 희미하다
방금 헤어진 어머니 생각하다가
밤이 너무 길어 마당에 나간다
싸늘한 바람에 국화가 파르르 떤다
외로움을 덜어주려고 입김을 불어주니
춥지 않다고 이야기나 하자고 한다
날씨 이야기가 끝나서
나라님 이야기를 꺼내자 재미없다 하여
온몸을 으스스 떨며 일어설 때
국화가 내 손 꼭 잡고
서리가 오거든 이름이나 불러달라 한다
구름 몇 점 흩어진 빈 하늘
전깃줄에 걸렸던 새벽달이
푸른 이끼 덮인 희붐한 산을
혼자 넘는다.

*엘이디: light emittied diode, light emitting diode, 발광 다이오드.
가전제품의 예비전원 차단여부 표시.

그래도 한 번

오너라 오너라 불러놓고
모른다 하네
찬바람머리에 돌아서며
당신이 남기신
'이제 와서 나는 어떡해'

가슴에 박힌 얼음 이리 두꺼운 것은
겨울바람 불어도 별은 빛난다는
당신 속내 못 짚은 내 탓이지만

내가 당신이 되어 나를 부를 때
달려가면 돌아서는 당신에게
그래도 한 번
나는 어떡해.

가을 길

아침 산에 가을이 간다
빛바랜 잎이 싸늘한 볕에 매달리고
그늘진 산은 이내* 뒤로 숨는다

가까운 산은 황사에 묻힌 듯
먼 산은 달빛에 묻힌 듯
희미한 숨소리
꺼져 드는 화색和色
불러도 불러도 가을 뒤로 숨는다

산수화처럼
파르스름하다가 검푸르러지다가
하늘 뒤로 숨는 산에서
선녀처럼
사뿐사뿐 오다가 멈춘 사람은
그리움인가
가을 뒤로 사라진다.

*이내: 멀리 보이는 푸르스름하고 흐릿한 기운.

짝 양말

같은 곳에서
같은 색 같은 모양으로 태어나서
짝이 되었다가
하나가 먼저 가고 남은 하나는
모양도 색깔도 다른 것과 어울려 짝이 되었다
한 짝이 망설이다가
저승사자 따라간 것은
잠들지 못하던 이승의
두려움을 벗어나려는 몸부림인지도 몰라
남은 한 짝
주인이 묶어놓은 너덜너덜한 인연을
제 뜻대로 바꿀 수도 없건만
쓰레기통에 던져진 짝이 그리워
저승길 따라갈까 말까
밤새도록 엎치락뒤치락.

나는 아무것도 하지 못했다

달빛을 데리고 와서 창을 두드리고는
내 어깨에 볼을 기대어 눈을 감았다
머리카락에서 나온 매화 향기가 볼에 닿고
이마에 감춘 체온이 코끝을 스칠 때
라일락 우듬지에 숨은 달이 훔쳐보는 것은
그에게서 피어나는
엄마 팔베개에 잠든 옹알이 미소였다
잠꼬대이듯 지나가는 그의 웃음에
가슴 콩닥거려, 나는
그의 허리에 팔을 감지도 못했다
달빛 너울 쓰고 눈을 감았던 그가
살며시 머리에 손빗질*하고 떠나자
달이 내뿜는 한숨에
나뭇잎들은 만국기이듯 펄럭이고
나뭇잎 펄럭이는 소리가 창에 닿아
사랑은 가는 것이라고 썼을 때
나는 두 손 놓고
아, 사랑은 가는 것이구나
먼 산 구름 보며 중얼거렸다.

*손빗질: 빗질하듯 손으로 머리를 대강 매만지는 것.

적상전망대*에서

무주호 호숫가에
달구지 길이 작은 골짜기로 들어가네
길은 작은 마을을 지나더니 보이지 않네
저 길을 찾아 나서면
샘물 한 바가지 건네줄
강원도 산골 처녀 마을 있을까
심심한 나비가 이 꽃 저 꽃 문안 다니는
오솔길이 골짜기 발치에 띠처럼 누웠을까

개울물, 옹달샘에 목을 축이며
손잡고 걸어 줄 선이가 있다면
골짜기 끝까지 가보고 싶어
오솔길 끝에는 가파른 고갯길
등성이에 오르면 숨었다가 나타나는 마을
감자와 옥수수로 허기를 달래고
등성이 따라 지칠 때까지 가다가
어느 고원 마을에서
하룻밤 머물지도 몰라

선이와 나란히 달구지 길 걸어
골짜기 끝까지 가보고 싶어.

*적상전망대: 전북 무주 적상산에 있음. 적상전망대 위의 적상호에서 아래쪽 무주호 사이에 지하 수력발전소가 있고, 적상호 위쪽에는 조선의 사대사고 중 하나인 적상산 사고와 사고를 보호하던 안국사가 지금도 있음.

사랑 놀이

장맛비 끝에
흰 솜으로 만든 벽이 금정산을 둘러쌌다
로미오와 줄리엣에게 마음껏 놀아보라고
에로스가 만든 장막임이 틀림없다
죽음에 이르도록 불태운다는 사랑놀이가 궁금하여
흰 벽을 뚫어져라 보고 있으니
내 눈빛에 녹은 벽 한 곳에 검은 자국이 생겼다
검은 자국은 녹아 구멍이 되고 그 틈으로
수국 꽃숭어리처럼 봉긋봉긋 녹색 나무들이
눈을 비비며 벽을 향해 손부채로 부쳐대는 것이 보인다
흰 벽이 망사처럼 엷어지다가
케이블카 철탑이 나타나고
아프로디테 나신 같은 금정산 스카이라인이 보일 때쯤
산 중턱 골짜기마다 김이 오른다
신선이 밥 짓는 연기는 아닐 테고
나무꾼이 국 끓이는 김도 아닐 테니
로미오와 줄리엣에게
마음껏 놀아보라고 장막을 쳐 준 에로스가
용암보다 뜨거운 사랑 놀음에는 샘이 나서
산불 잡는다는 구실로 물을 끼얹었을 것이다
저 연기는
로미오와 줄리엣의 진한 사랑이
꺼지기는커녕
더욱 뜨거워져 에로스에게 대드는 것이다.

봄바람

흰 구름 하늘이
알몸보다 눈부셔서
벚꽃도 길을 나선다

꽃길에 맺힌 이슬
새벽꿈 사랑 닮아
풀던 옷자락 다시 여민다

이제나저제나 숨죽였던
봄볕은
달아오르는데
어젯밤 춤추던 여인 꽃그늘에 잠들어
하얀 꽃잎 파르르 떨 때마다
아쉽던 숨결
바람을 일으킨다.

낙화

한바탕 후려친 천둥 소나기에
저승사자도
가슴 쓸어내리는 새벽

엄마가 데워주던 구들목에
잠 한 번 푹 자고 싶다던 노숙자의 넋두리가
황천길에 또렷하다

공원 길 떨어진 꽃잎들
엄마는 나무였나 흙이었나
햇귀 나오자
실바람에 출렁이는 옹자물 타고
별처럼 반짝이는 눈
엄마가 잡아주던 고사리손으로
앙가슴 더듬듯 젖은 흙을 비빈다.

볕 들다

새 옷에 흙탕물을 뒤집어쓰고 맞선본 아가씨가
무척 예뻤던 날이 있습니까
아가씨는 슬쩍 웃고 말았지만
인연이 아니라고 한숨만 나왔는데
열흘이나 지나서
다시 보자는 말을 듣고 이상하다고 생각한 적이 있습니까
이상하다면 아가씨가 무엇을 생각하는지 몰랐던
당신이 이상한 것이지요

얼마나 많이 아는지 되짚어보다가
아는 것이 얼마 안 되고
배울 수 있는 것이 많을 줄 알았지만
배울 수 없는 것이 수없이 많다는 사실을 알게 되지요
어리석은 사람도 다 안다는 것을
늦게라도 알게 되었으니
글쎄
쥐구멍에 볕 든 날 아니겠어요.

제 2 부

복주머니

꿈은 어디에

파랑새가 있는 숲입니다
나뭇잎 사이로 푸른 하늘 지나가는 흰 구름 보입니다
조그마한 폭포 소리에 새 소리 바람 소리 섞였습니다
토끼 길에도 풀꽃이 피었습니다
풀꽃 따라가면 당신이 기다리는 곳입니다
숨찬 나를 나무랄 것 같아 천천히 걷습니다
그러나 어느새 뜁니다
어디에도 당신은 보이지 않습니다
못 보고 지나쳤을까 되돌아옵니다
천천히 구석구석 살핍니다
풀꽃 따라 폭포까지 돌아왔습니다
그 사이 폭포 물이 말랐습니다
푸른 하늘도 흰 구름도 사라졌습니다
새소리 바람 소리 멎었습니다
당신의 소리도 모습도 없습니다
초라한 행색 들킬 염려도 없어졌습니다
쓰러지려는 내 영혼 위로 바람이 지나갑니다.

나는 새싹에게 자리를 내주는 중

드르륵 소리가 주삿바늘보다 무섭다
잠깐이면 끝난다고 자기최면을 걸어놓고
고무 타는 냄새를 꾹 참고
입을 벌리고 천장만 본다

진료 중 입을 헹굴 때
피 묻은 휴지를 보고 황망히 고개를 돌리다가
진료실 안을 들여다보는 푸른 하늘과 마주친다
때우고 갈아 끼워도
하나씩 하나씩
썩고 부러지고
하늘을 가로지른 황천黃泉이* 보인다

다급한 선생님 고함대로
눈을 뜨고 아랫배에 힘을 주고도 모자라서
손발을 빳빳이 굳히고
드르륵 소리에 발악하는 사이에도
하늘은 푸르고
새싹은 자란다.

*황천黃泉 [명사] 저승. 명부冥府.

말 안 해도 들었제*

병실 밖은 어둡다
병실 안은 아프다

진통제에 속이 메스껍고
항생제에 혼이 빠져나간다

친구가 나가면
문밖에 기다리는 적막의 꼬리가
문 여는 틈에
새벽바람처럼 들어온다

하루 내내 닫았던 입을 열어도
내일 또 오라는 말은 못 하고
그냥 웃는다

친구야
말 안 해도 들었제?

*들었제: "들었지?"의 사투리.

순매원*

순매원* 매화꽃이
봄바람과 간드러지게 춤을 추면
낙동강* 1,300리 사향내 넘친다

사랑에 목매
긴 겨울 웅크린 사람아
봄을 기다려
순매원에 오너라
벚꽃인 양 하얗게 산을 덮은 매화
사랑에 주린 배 채워준단다

개나리, 진달래 어우러진 등성이
매화 향기가 너에 취해 춤을 춘다
봄바람에 출렁이는 긴 머리 소녀야
너도 순매원 향기에 취해 춤을 추어라
어두운 땅에도 빛이 들라고
젖은 땅에도 볕이 들라고.

*순매원: 경남 양산시 원동면 원리매실 농장.
*낙동강: 506.17km, 1,270리.

매화 향기

자박자박 물비늘 밟는 소리
바람이 짐을 들고 강을 건넌다
사르륵사르륵 봄풀 밟는 소리
새벽잠 설친 매화가 강으로 간다

맨발로 사뿐사뿐 내딛는 걸음
강 건너 상동*에 누가 있어서
원동* 사는 매화가 마중 나가나

강 언덕 올라선 바람
매화와 손잡고 빙글빙글 돈다
빙글빙글 돌다가 풀썩 앉아서
어깨를 맞대고 숨을 고른다

매화가 풀어내는 바람의 짐
한 겹 두 겹 벗겨 내니
달빛 유리병에 매화 향기

바람은 제 눈에 매화를 담고
매화는 가슴 속에 바람을 품는다
매화가 바람의 볼 쓰다듬을 때
바람은 봄볕 덮고 잠이 든다.

*상동: 경남 김해시 상동면
*원동: 경남 양산시 원동면

지는 것도 아름답다

지는 꽃이 작디작은 열매의 손을 꼭 잡는다
잡은 손이 스르르 풀어져도 눈물도 없다
황홀한 청춘은 열매를 위한 기다림이었는가

피는 꽃은
햇빛 욕심에 사각거리고
밥그릇 타령에 쨍그랑거린다
지는 꽃은
이룬 것 다 주고도 거름이 된다
빼앗으며 포동포동 피는 것
주면서 쭈글쭈글 지는 것
어느 쪽을 더 아름답다 하는가

하늘과 땅이 갈라지기 전
낮과 밤이 없었다
태초의 혼돈이 처음처럼 이어지는데
지는 것을 서럽다 한다
피는 것만 아름답다 한다.

놀이터 아이들

날 저무는 하늘에 희미한 빛
눈부신 햇살을 누가 가져갔나
바람벽에 희푸른 헝겊
쪽빛을 누가 뽑아갔나

아이들이 재잘거린다
노을도 재잘거린다
아이들이 깔깔거린다
푸른빛도 깔깔거린다

손자 따라온 할머니
등나무 밑에 앉았고
베란다에 나온 엄마
밥상 치운다 마지막 고함

숨어버린 햇살, 숨죽인 쪽빛
아침이 오면
흙투성이 저 아이
햇살을 쏟아내고
쪽빛을 쏟아낸다.

불쑥불쑥 자란다

꽃망울을 보았다
꽃이 차츰차츰 피고 지는 모습을
먼지보다 작을 때부터 지켜보려 했는데
꽃망울은 보이지도 않다가 좁쌀보다 커졌다

주머니에 돈이 줄 듯이
머리맡에 고지서가 쌓이듯이
자라는 모양도 분명하게 보일 듯하여
눈여겨보아도 아무런 기미가 없다가
좁쌀보다 크게 자랐다

호스hose로 물을 받아도 불쑥불쑥 차오르고
물감이 종이를 적셔도 불쑥불쑥 번지듯이
자라는 것도 보지 않을 때만 불쑥불쑥 자란다

움츠렸다가 뛸 때 갑자기 커지듯이
귀를 기울이면
자라는 소리도
한 번씩 불쑥불쑥 튀어나온다.

꿈을 꾸라 하시네

경국재景菊齋* 솔향기 봄빛 고와
할아버지 긴 꿈 꾸시네
임 떠난 빈자리를
석 달 열흘 장마라고 아뢰니
길이라고 다 길이 아니고
넘어져야 일어선다 하시네
막힌 곳은 시작할 곳이고
봄은
오는 것이 아니라 만드는 것이라 하시네
할아버지 펼치시는 새벽노을 보았네
나, 버렸던 불씨 살리러
되돌아가네.

*경국재: 경북 경주시 안강읍 육통리 서평지에 있는 성산이씨 직장공(直長公: 국헌공)을 숭모하는 재실.

행복 찾기

알을 깨고 나와야
차가운 곳도 있음을 안다
뱃속에서 나와 우는 것은
처음 당한 한기寒氣가 두렵기 때문이다
울어도 울어도
다시 어머니 뱃속으로 들어가지 못하고
한기 도는 길조차 마음대로 고르지 못한다

비가 되어 떨어지는 물은
높은 곳이 좋아도 낮은 곳으로 간다
가기 싫은 곳으로 가면서도
큰 소리로 웃으며 폭포를 지나고
미소를 띠며 들판을 지난다

바다로 보내질지 하늘로 보내질지
찬바람머리*에 허기와 마주친 비가
낯선 길에서
웃음 말고는
고를 것이 없다.

*찬바람머리: 가을철에 싸늘한 바람이 불기 시작할 무렵.

하늘은 어머니 아버지

구름이
흩어진다 모인다
흩어지고 모이기를 거듭하더니
구름 하나는 녹아서 푸른 하늘이 되었다

휘젓는 물살에 부딪히던 조각들이
하나로 녹아서 강물이 되고
만나고 만나던 강물도 하나로 녹으면
검은 것도 흰 것도
푸른 하늘이 된다

아침에 헤어지고 저녁에 만났던
어머니
타향살이 나온 뒤에도 가끔 만났는데
이제는 푸른 하늘에서나 만난다
아버지, 형, 누나, 할아버지
나를 키우고 아끼던 사람들이 녹아 있어
하늘이 저렇게 푸르다.

삼귀의三歸依

부처님이 마음을 밝히고
법이 마음을 지키고
스님이 마음을 닦는
법당 앞에서
어두운 마음을 벗겨 낸다
한 겹 한 겹 벗겨 내도
양파 속처럼 하얀빛은 보이지 않는다

옆 사람 눈치를 보고
어디 설까 헤매다가
일주문을 나설 때
내 마음을
양파 속처럼 하얗게 밝혀주려는
스님들 염불 소리
숲 속에 낭랑하다.

복주머니

두툼한 주머니가 좋겠다
아침에 주머니를 열면
콰이강의 다리 노래도 나오고
낮에는
뒷산 옹달샘도 나오고

저녁이면
연기 냄새나는
고향 집 아랫목에
집사람과
시래깃국에 막걸리 한 사발 마시려면
막걸리 사발만큼 두툼한 주머니가 좋겠다.

매화꽃 나들이

봄이라 해도 봄이 아닌 것 같아
화롯불 안고 웅크린 매화꽃을
봄볕이 꼬드겨 불러낸 한낮

성급히 나온 꽃이 옷깃을 여미는데
토종벌, 양벌이 입맞춤에 바쁘니
파리도 제가 벌인 양 꽃잎에 엉금엉금

빠끔히 고개 내밀었다가
꽃샘바람에 장옷 둘러쓰는
올망졸망 매화꽃 가지 아래
꿈결이듯 갓 핀 아가씨들
꽃봉오리보다
푸른 웃음.

웃음은 행복을 만드는 주문呪文이다

바람이 꽃은 자기만 사랑한다고 떠드는 것도
세상에 웃음을 만드는 것이었고
꽃이 바람은 자기만 사랑한다고 떠드는 것도
세상에 웃음을 만드는 것이었다

꽃이 바람만 사랑했다면 바람을 따라가야지
바람이 꽃만 사랑했다면 꽃에 머물러야지
떠드는 사람은 제 잘난 맛에 웃고
듣는 사람은 민망해서 웃지만
혼자 웃는 웃음이라도
너와 내가 같이 있어서
외로움을 잠깐 잊게 하는 것이다.

봄날

아가씨 냄새가 공기 속에서 나를 기다린다
햇살 눈부신
아침 길
장미 향기는 아가씨 냄새라고 해야
설레는 하루가 실팍해진다

바람난 여자의 짙은 화장 냄새였더라도
아가씨가 출근길에 남긴 것이라고 해야
느슨한 아침이 팽팽해진다

아직 다 풀리지 못한 향수가
생담배 연기처럼 두 팔 쳐들고 춤출 때
나는 암내 맡은 수캐처럼 힘이 솟는다.

황혼이 아름다운 아침

아침 8시 50분
아파트 정문을 조심조심 돌아나오는 부부
할아버지는 정장을 하고
할머니 손잡고
비탈길을 내려오신다

육군 위병초소 멋진 청년이
헌병 근무복에 반한 무더기 처녀 중에
골라잡았다는 처녀
늙고 병들어도
할아버지는 홀딱 빠져버렸다

비탈길에 휠체어를 밀 때도 할머니에게는
샘물처럼 넘치는 웃음으로
잠깐 쉽니다, 이제 출발합니다

자식들 객지로 나가고 긴긴날
할아버지는 밥하고 빨래하고
누가 할머니에게 허튼소리할까
할머니 얼굴에 그늘이 질까 애를 태우신다

할머니에게 너무 많이 받은 것을
죽기 전에 얼마라도 갚아야 한다고
날마다 땀을 흘리며 휠체어를 미시던 할아버지
하늘이 감복했는지 여름이 끝나자
아침마다 손잡고 병원에 가신다.

위증

아가씨가 담배 연기를 토하며 지나갔다
한때는 나도 좋아했던 담배 연기
금연 후에도 흡연하는 친구를 맞으려고
재떨이를 준비하고 보듬었지만
슬금슬금 미워진 담배 연기

아가씨가 토해낸 담배 연기를
웬 담배 냄새냐고 했을 때
할아버지가 지나갔다고 했다
굳이 할아버지 냄새라고 한 것은
아가씨의 상큼함을 지키고 싶었기 때문인데
세상을 이만큼 이루어놓으신
할아버지를 모함한 것이 참 미안하다

요즈음은 젊은이 자체가 말세라고 하려니
인류의 앞날을 끌고 가려면 참 힘들 텐데
정말 미안해
위증죄는 받기로 한 것이니
이제는 할아버지 탓이라고 하지도 말고
돼지 머리 하나가 외제 차에서 내리더니 방금
한 대 꼬시고* 갔다 해야지.

*한 대 꼬시다: 경북 경주에서?1970년대에 쓰던 끽연 은어.

생로병사는 우주가 살아 있다는 증거

들길은 밭이 되고
새집 들어선 곳에 밭 흔적 남아 있고
묵정밭 구들 흔적에
옛 흔적을 덮을 새 흔적이 다가온다

나고 빠지는 내 머리카락이
내 몸이 살아있다는 말이듯이
땅 위의 변화는 땅이 살아 있다고 하는 말이다
땅이 변하는 것이 지구가 살아 있다는 말이라면
지구의 생멸 또한 우주가 살아 있다는 말이다

산등성이 오르는 고샅길은 계곡이 되고
개울이 생겼다가 없어지는 것이
내게는 하찮은 일이지만
우주가 숨 쉴 때마다 나타나는 대단한 일이듯이
내가 가고 오는 것이
네게는 하찮은 일이지만
우주가 살아 있다는 대단한 증거이다.

노점 풍경1

전봇대에 광고지가 붙어 있다
'급매매 16평 오피스텔'
'매매 대동아파트'

책가방을 멘 청년이
전봇대 밑에서 두리번거리다가
가방에서 컴퓨터 용지를 꺼내 붙이고는
탈주범인 양 달아났다
'부산대 4학년 대입과외'

전봇대 앞에 승용차가 서고
교양 있는 중년 남자가 내리더니
청년이 붙인 광고지를 떼고
칼라 인쇄 광고지를 붙이고 갔다
'과외. 부산대. 서울 명문대 교사'

승용차가 떠난 뒤
'어르신 일자리' 근로자가 떼어 내야 할
남은 광고문 3종
대학생과 신사를 지켜본 건달이
'과외. 부산대. 서울 명문대 교사'만 떼고
어르신 근로 활동 증명에 쓰라고
매매 광고지 2종만 남겨두었다.

노점 풍경2

노점 차에 공무원이 단속 나왔다
노점 차 주인은 '좀 먹고 살자.'
공무원은 '나도 먹고 살자. 신고가 들어와 어쩔 수 없다.'

노점 차가 교통 소통을 막은 것이 아닌데
노점 차와 상가 물건은 종류는 같아도 품질이 다른데
세금 내는 상가를 보호해야 한다고
상가 주인도 집주인도 옳은 말을 했다
일자리 구하는 것도 창업하는 것도
이것저것 부조리한 조건을 깰 능력이 있어야 한다

오늘밤 달동네 어느 집에서 도둑 맞거나
밀린 최저임금 일부를 받아가던 아주머니가
밤길에 몽땅 털리면
쫓겨간 노점 차에 피의자 수배령이 떨어질 것이다.

제 3 부

나는 중장비를 타고 다닌다

빈자리 1

창고 통나무처럼 자리만 채웠던 사람인데
같이 있으면 신경이 쓰였는데
지금은
식사 때도 빈자리
일 할 때도 빈 의자

죽은 시어미도
디딜방아 보리 찧을 때는 생각난다지
긴병에 죽은 매정한 영감도
해가 지면 생각닌다지
이것은 달라

꽃샘추위를 만나면
쌀쌀했던 봄바람이 고맙지
배가 고프면
개떡 쑥버무리도 생각나지
이것은 달라

나빠진 것도 아니고
사랑하는 것도 아니고
빈자리의 공허함도 아니야
그때는 잠깐씩 그의 빈 의자가 좋았지

얼굴이 떠오르지 않아도
목소리가 가물가물해도
만나면 알 것 같아
모르는 사이에 젖어든 정
정이란 무서운 것이야.

빈자리 2

차가운 바람이 털끝에라도 스칠라
필요한 질문에도 발끈하던 표정
업무기술을 숨기려는 욕심
깊은 웅덩이 돌아가고
얕은 웅덩이 밟고 가는 것은
세월이 가르친 생존법칙이었다

사자가 토끼를 공격하지 않으면 굶어야 하고
카멜레온이 옷을 바꾸지 않으면 먹혀야 하는
차별 속의 무차별 살육전은
자연이 가르친 생존법칙이다

편히 살라고 세상에 내어놓은 목숨
다른 목숨이 상하면
낙엽 하나 밟는 것도 더럽지만
사는 데 꼭 필요한 짓은 모두 아름답다

무뚝뚝한 표정, 믿지 않는 태도는
세상이 가르친 생존법칙이니
그는 아름답다
분노를 참고 남의 말도 아낀 것은
나약한 자신을 지키는 수단이었으니
그는 아름답다

겨울 문처럼 닫힌 마음
진눈깨비 몰아치는 새벽바람 표정
그래도 생각나니
그는 아름답다.

선비 흉내

그게 어느 날이었을까
잘 가라고 한 것이

난 거짓말을 하였지
그는 거짓말인 줄 몰랐다 하는데
내 연기가 완벽했을까
내가 여태껏 완벽한 연기를 한 적이 없지

몰랐다 한 그도
다 알고 있었을 거야
그나 나나
티끌 같은 자존심을 뭉갤 용기가 없었던 거야

자기만 생각하는 용기勇氣는 야만野蠻인 시절도 있었어
은혜를 갚으려고 뱀 먹이가 되려 한 선비가 커 보이고
모르는 사람 대신 스스로 죽은 선교사 이야기가 솔깃하던 때였어
맞아, 나의 무력감을 그들의 이야기로 포장한 거야
두고두고 후회하더라도 멋있을 줄 알았지

아는 것도 적은데
안다는 것조차 엉터리이거든
순간순간 내리는 결정이 모두 구정물 같아.

수원지 노을

전나무 우듬지 사이로 구름 조각 보다가
만날 보는 산천도 낯설기만 하여
끼니 거른 듯 혼자 먹어댄다

목까지 차오른 하소연을 풀어내려고 술병을 비우는
성지곡* 골짜기보다 깊이 내려간 외톨이
먹는 둥 마는 둥 일하던 때가 어제였던가
바가지만 긁다가 저승에 간 아내도 오라는 말 없고
팔뚝에 넘치는 힘은 쓸 일 없다

끼니를 거르고 이슬 피할 곳 찾아다녀도
바라볼 사람이 있는 자는 행복하다
할 일만 있어도 견뎌보겠다
북적대는 이웃이
고독 위에 고독을 보태도
산 그림자에 쫓기며 찾아갈 쪽방은 더욱 낯설다.

*성지곡: 수원지가 있는 부산시 부산진구 초읍동 뒷산.

통나무로 불쏘시개를 만든다

지우개로 얼굴을 만드는 것은
수박 껍질로 얼굴을 만들다가
한 단계 올라선 것이다

나무로 얼굴을 만드는 것은
지우개로 얼굴을 만들다가
한 단계 올라선 것이다

우쭐해진 목공이
통나무로 장승을 만든다
눈도 코도 생길 듯하다가
다듬을수록 밋밋해진다

장승을 그만두고 홍두깨를 만든다
불퉁한 곳을 깎아내니
우묵하던 곳이 불퉁해졌다
깎고 다듬어도 방망이도 못된다

장승이 되려던 통나무
이쑤시개가 되어도
수북한 불쏘시개는 덤으로 남는다.

위리안치圍籬安置*

토끼가 갉아도
정원사가 가위를 들이대도
천리향은 한 자리에서
사철을 맞는다
향기를 뿜어 나비를 부르고
바람을 맞아 춤을 추어도
담장 안 하루가 갑갑하다

벌이 수다 떠는 바깥세상
하나님은 눈도 귀도 없다는 소문이
들을수록 궁금한 천리향은
밖으로 나갈 수 없어 가지를 흔들고
흙탕물이 환영받는 세상이치가
들을수록 궁금한 나는
물어볼 곳 없어 머리를 흔든다.

*위리안치: 귀양지 집 둘레에 가시 울타리를 치고 집 밖에 나오지 못하도록 하던 무거운 형벌.

나는 중장비를 타고 다닌다

시발자동차*를 구경하기도 어려울 때
하루 세 끼에 허덕이면서도
내 동무는 언제나
11번 자가용 승용차를 타고 다닌다 했다
꼭대기가 묶여 아래쪽만 벌어지고
1자 하나가 땅에 뿌리를 박아야
다른 1자가 허리를 꺾으며 앞으로 가는 11번
생각해 보니
나는

1111번 자가용 중장비를 타고 다닌다
위쪽에 두 개 아래쪽에 두 개 1111번
조이고 닦고 파고 메우고
앉고 서고 돌고 옮기고
꼭대기 동그라미 명령만 듣는 1111번
1111번은 11번보다
백한 배나 늦은데도
두 배만큼만 늦은 척하다가
다리만 찢어진다.

*1955년 8월, 전쟁으로 파괴된 자동차의 부품을 활용하여 을지로 천막 안에서 자동차를 만들기 시작한 '국제차량공업사'에서 1963년 말까지 생산한 우리나라 최초의 자동차.

요즈음

도둑고양이가
마당에 와서 기름종이를 뜯어 먹는다
고양이는 쫓지 않고
대문이 시끄러워 나가니
만병통치약 장사
대문을 닫는다

비가
널어둔 수건을 적신다
수건은 걷지 않고
인터넷을 여니
간통죄로 고소당한 스님과 목사
인터넷을 닫는다

배가 쪼르륵 쪼르륵
입은 바삭바삭
식은 밥만 있고
주전자에는 물이 없다
다 그만두고
먼지 풀썩이는* 요 위에 눕는다.

*풀썩이다: 연기나 먼지 따위가 조금씩 뭉키어 일어나다.

세월은

마주 보지도 못했던 짝사랑이
임을 찾아 떠난 것은
봄비에 지는 벚꽃이었다
세월에 휘둘리며
엉겁결에 쳐다본 사람은
가을비에 지는 코스모스였다
바람 한 번 불 때마다
벚꽃 지고
코스모스 지고
벚꽃은 봄비를 가다렸던가
코스모스는 가을비를 기다렸던가
봄비 오면 불던 바람
가을비 오면 또 분다.

설사泄瀉

밥 달라 하는데
좋아하는 된장국도 보리밥도 없어
토마토에 청정우유*를 먼저 보내고
김밥에 국수를 성의껏 차려 보냈더니
다 뺏기게 되었다고 꼭꼭 찌른다
새벽에 나선 아득한 천 리 길
하는 수 없이 차를 세우고 들어간 재판소
한 차례 또 한 차례 밀려드는 심문審問 뒤에
재판이 끝나고 차에 돌아오니
아랫배가 자꾸 불평을 한다
받은 재물을 몽땅 털린 것이
생각할수록 원통한지
청정우유란 놈은
도대체 어떤 불한당 놈인지 말하라고
자꾸 불평을 한다.

*청정우유: 일반 우유보다 지방 함량을 줄였다는 병 우유 이름.

또 한 해가 가는구나

추적추적 빗소리 12월 새벽
한 해를 잘 보낸 적이 있었던가

365일 많은 날
나는 가족에게 무엇이었나
찬바람에 너덜거리는 문풍지
뙤약볕에 한 뼘 그늘도 내려주지 못하는 구름

장가든 날
자식 생긴 날
월급 받은 날은
창고 뒤 두꺼운 먼지에 묻히고
슬펐던 날들만 반짝인다
생각해보면 으레 받아야 했던 날들이다

주고받은 것, 받을 만큼 다 받았는데
들고 선 바가지는 무엇을 바라는가
길섶에 움츠린 허기虛飢로 서 있는
나는 무엇인가

어떤 근거

왕자는 날개가 없어
비단 이불 속에서 한숨 쉬고
거지는 먹을 것이 없어
움막에서 밤하늘의 별이나 센다
배가 불러도 고파도 슬프기는 한가지

전체생활=행복+불행
행복지수=행복/전체생활
왕자의 행복지수=거지의 행복지수(1+-0.01)

그래서 세상은 뒤집어지지 않는다.

집착

덥다
가슴이 답답하다
숨이 차다
식은땀이 난다
귀찮다
그냥 있을 수 없다

골목으로 나간다 춥다
방에 들어온다 덥다
마당에 나간나 또 춥다
방에 들어온다 답답하다
누워 본다 숨이 막힌다

눈을 감은 체 아무것도 볼 수 없다고 생각하면
옛날 어느 때로 꼭 돌아가고 싶어 하면
두 발로 걸어서 달에 꼭 가야 한다고 생각하면
어느 것을 잡아 보아도
아무것도 할 수 없다.

깨달음은 늦게 온다

지금 먹는 사탕 맛을 내일에야 안다면
지금 입안의 사탕 맛이 어제 삼킨 사탕 맛이라면…

남의 평도 듣고 여러 번 겪고 나서 사귀라는 말이
첫 눈빛에 목을 매지 말라는 말이었음을
내 눈은 몰랐다
시시하던 사람이 느닷없이 걸출하고
윤이 나던 사람에게 드디어 녹슨 구멍이 나타난다
내 눈이 알려준 것은 잠깐 반짝이는 반사광뿐이었다

참 시시한 사람이 뜨거운 정을 가졌음을
내 눈이 바로 알았으면
참 정다운 사람이 가면을 썼음을
내 눈이 바로 알았으면
깊은 맛은
뒤에 온다는 것을 몰랐으리.

무위도식

장맛비 속에 잠드는 기쁨도
사흘이면 길다
빗소리 들으며 씹는 볶은 콩도
한나절이면 입아귀가 아프다

벚꽃 피는 소리도 지겹고
참새 울음 냄새도…
쇼팽Fryderyk Chopin의 녹턴nocturne* 빛깔도…
모네Claude Monet의 잔담Zaandam* 촉감도…

마루에 흐트러진
귤껍질, 감, 사과…
양말, 휴지통, 발수건…
잡지, 호박, 대야…
연필깎이, 손톱깎이, 돼지 토우…
구석에 누운 시원 소주는
빈 병瓶, 빈병貧病, 빈병貧病

장마는 흐트러진 마루
나는 그 위에 쓰러진
빈 병瓶, 빈병貧病.

*nocturne: 조용한 밤의 분위기를 나타낸 서정적인 피아노곡.
*Zaandam: 교회 건물과 숲을 원경으로 운하, 꽃이 핀 강둑, 네덜란드 포플라 사이로 빨간 지붕과 녹 백색으로 칠한 작은 집들이 보이는 클로드 모네(Claude Monet)가 그린 풍경화. Zaandam은 암스테르담에서 북서쪽 9km 지점에 있는 기름진 땅 이름.

찬 손

내 몸 중에 손바닥이 가장 따뜻하다
설사 기미가 있을 때
손바닥으로 배를 감사면 진정된다
손바닥을 비벼 눈에 대면 눈이 좋아진다고 하지만
팔다리나 엉덩이뿐 아니라
볼이 시려도 귀가 시려도 손바닥을 찾는다

시린 몸을 어디든지 덥혀주라고
온몸에 닿을 수 있는
손에 열을 주었다고 할지도 모르지만
어머니가 나를 만들 때 손바닥에 열을 많이 준 것은
손이 어머니의 아들을 위해
가장 많은 일을 하기 때문이다

따뜻한 내 손바닥이
다른 사람이 놓은 손잡이를 잡으면 참 따뜻하다
내 손이 다른 사람을 위해서는 참 게으른 모양이다.

만남과 헤어짐의 착각

만남을 기뻐함은
지금이 영원하기를 바라는 탓이다
만남이 헤어짐이고 헤어짐이 만남이라면
만나고 헤어짐이
기쁨도 슬픔도 아무것도 아니지만
헤어질 때 손을 잡는 것은
만나지 못할 수도 있다는 안타까움 때문이다

만남과 헤어짐이 같은 것임을 믿지 못하고
헤어짐이 슬픈 것은
만남이 오기 전에 끝날 목숨이
죽음에 대들 힘이 없음을 알기 때문이다.

독서 삼매경

쌓인 책 중에 두꺼운 한 권을 뽑아내고 남은 책들의 부피를 본다 거듭 나오는 하품 끝에 눈물을 닦고 읽던 책의 갈피를 보니 읽은 양이 1/4은 안 되고 1/5은 될 것 같다

책을 펴고 몇 줄 더 읽으며, 지붕 누수를 조사해야 하는데… 누수 조사에는 둘째를 앞세워야 하는데… 계속 읽으면서, 왼쪽 귀울림(耳鳴)이 더 심하네… 할아버지에게 귀울림 이야기를 듣던 날 무슨 이야기인지 몰랐다가 어느새 내가 할아버지 따라가네… '낯설게 하기'로 작정하고 비틀어놓은 글을 만나서, 복숭아 절인 쓰레기를 어떻게 줄이지… 끓인 복숭아는 정 서방 준다고 남겨두라 했지… 구청에서 통보한 변소 청소 기한이 언제더라… 한국해양문학제에 들러리로 가야 하나…다문화 가정 알콩달콩 산다는 수필 읽다가도, 국제화 시대에 외로운 한국 처지를 모르고 국제결혼을 멸시하는 분들을 어쩌지… 야쿠르트 제품 정리를 어떻게 해야 하지… 몸이 불편한데도 야쿠르트 사무실에 간 집사람은 지금

행간의 뜻은 생각해도 알 수 없고 드러낸 뜻은 의미 없다 책은 쌓여가고 쌓아올릴 장소는 늘어나지 않아 표지도 들춰보지 못하고 버릴 판이니 한 편을 쓰는데 짧아도 며칠이나 걸렸을 글을 1분이라도 읽어주는 것이 보내준 사람에게 예의를 다하는 것이라는데, 글쎄… 책장에 바람을 쐬어주는 것이라 하면 말이 되겠다.

삼거리에 우두커니 서서 세상을 제압하다

길 건너편에서 오는 샛길은 내 심장에 창을 겨누고 돈키호테처럼 달려들다가 흐물흐물 녹아버리고 샛길 위의 차들은 탄환이나 된 듯 날아들어도 내게 가까워지면 눈을 깜빡이며 멈칫멈칫하다가 얼어붙더니 내가 저를 쥐어박지 않자 왼 눈을 깜빡이던 놈은 왼쪽으로 오른 눈을 깜빡이던 놈은 오른쪽으로 슬금슬금 달아난다

잠자리 날개이듯 속살이 비치는 가슴 트인 드레스를 무릎에 찰랑대며 얼굴 자랑하러 오던 스무 살 아가씨가 내 곁에서는 엉덩이를 살래살래 흔들어 함치르르한 생머리에서 잘록한 허리로 샤넬 향수를 흘러내리며 먼 산만 보고 간다

내가 겨울 들 허수아비로 서 있어도
쇠붙이들조차 적토마 위의 청룡도를 만난 조조 군사처럼 달아나고
제철 만난 꽃들조차 초선이 만난 달이듯이 풀이 죽으니
사흘 굶은 배가 가판 손수레 옆에서 쪼르륵거려도
너무 강하고 잘난 놈은 죽을 수 없다.

내가 부자라면

내가 부자라면
어제는 서안*을 거닐다가
오늘은 보라카이 해변에 놀고
내일부터는 만한전석*을 반쯤씩 먹고 버릴 것이다

내가 부자라면
양귀비* 조비연*과 밤낮을 보내면서
비단옷을 입어보지도 않고 버리고
아방궁*을 몇 곳에나 짓고 허물었을 것이다

내가 부자라면
고만고만한 산들의 아늑함이나
논도랑이 튕겨내는 달빛이나
밟혀 문드러져도 꽃 피우는 질경이를 몰라서
천국에 가서 무식한 놈 소리를 들을 것이다

내가 부자라면
옛 도읍지라면 서안, 여자라면 서시*
집이라면 아방궁이라 하다가
천국에 가서 천한 놈 소리를 들을 것이다.

*서안(중국 Sian, 西安)
*만한전석(manhan quanxi, 滿漢全席): 청나라 강희제는 본인이 회갑을 맞자 이틀간에 걸쳐 전국의 65세 이상 되는 노인을 2,800명이나 궁궐로 초청하여 대연회(천수연千壽宴)를 개최하고, 만석과 한석을 두루 갖춘 잔칫상을 내어 강희제가 친히 만한전석(滿漢全席)이라 불렀다. 연변 조선족은 '만하제시'라고 발음하였다. 하루에 두 차례씩 사흘 동안 여섯 차례를 치르는데 한 차례는 네 개의 세트로 되어 있고 한 세트는 주요리 하나에 보조요리 네 개로 되고 한 차례 끝에는 과일, 건과류, 전병 등이 따르므로 여섯 차례를 마칠 때까지 180종의 요리가 나온다고 한다.
*양귀비(Yang Kueifei, 楊貴妃)
*조비연(Zhao Feiyan, 趙飛燕)
*아방궁(fanggng, 阿房宮)
*서시(Xi Shi,Hsi Shih西施)

되지 않는 까닭

새벽꿈을 기억하여 시를 쓰려 했다
이상한 풍경과 몽롱한 사건들
숨긴 뜻이 잡히지 않았다
새벽하늘 뿜는 힘을 시로 쓰려 했다
힘차게 흐르던 구름과
뚫어진 구름 사이로 쏟아지던 햇살
가슴에서 곰삭지 않았다
일본에서는 겉절이를 김치라 해도
우리나라에서는
곰삭아서 나오지 않은 것을 시라 할 수 없지

되지 않은 것이 된다면 대단할 것인데
대단하지 말라고 되지 않는다.

제 4 부

떠돌이 고양이

떠돌이 고양이

벽 밑에서 햇볕 쬐던 고양이가
내움직임을 살피다가 담을 타고 달아난다

가끔은 멸치를 주다가도
달아나는 모습에서 찬바람을 맞는다

쓰레기 봉지를 뜯어
비린내만 맡고 가는 고양이

먹이를 준 내게 덤비지는 않으니
빨갱이보다는 낫지만

마음을 열지 못하는 너는
아무래도 굶어야 하겠다.

빈자리는 없다

고인 물 나가고 새 물 들어온다
찌든 공기 몰아내고 새 공기 받는다

건더기 건져낸 자리 국물이 차지하고
국물 줄어든 자리 공기가 차지한다

순간이 있던 자리 다음 순간이 채우더니
꽃이 있던 자리 열매로 채워졌다

물질끼리 자리바꿈
시간끼리 자리바꿈

내 자리에 네가 들어오는 자리바꿈뿐
빈자리는 없다.

따발총* 소리 또 들린다

할아버지들 소금물 적신 주먹밥 지고 어래산*으로 갔다
따발총 소리에 그 주먹밥 형님들 마지막 한 끼였다
할아버지들 탄알 지고 어래산으로 갔다
따발총 소리에 그 탄알 남기고 형님들 초연硝煙* 따라갔다

따발총 소리 또 들린다
연평도 따발총* 천안함 죽었다
영변 따발총* 국제협약 죽었다
동창동* 따발총 국제 테러 살아났다

산마다 다락밭* 일구고도 전쟁놀이만 하다가
국제 동냥 얻은 쌀, 화약 값으로 나가고
기생조*, 달러 아가씨* 외화벌이* 화대는
주석궁* 잔치에 다 나가니
주사파* 종북좌파*
따발총 사수에게 새 밥 지어 바치자고 패악질한다
인력시장 새벽 줄에서 밀려난 이웃에게는
일하지 않은 자는 먹지도 마라 하며
만족조* 잔치에 술상 크게 올리자고 패악질한다.

*따발총: 소련제 기관단총을 속되게 하는 말.
*어래산: 6 · 25때 경주시 안강전투 격전지 어래산.
*초연: 화약 연기.
*연평도 따발총: 북한의 서해도발.
*영변 따발총: 북한 핵시설 단지.
*동창동 따발총: 북한 봉동리 동창동 장거리미사일 기지.
*다락밭: 계단밭의 북한어. 층밭.
*기생조, 달러 아가씨: 노동당에서 선발 교육 시킨 매춘 조직.
*외화벌이: 외국 화폐를 벌어들이는 일. 북한어.
*주석궁: 북한 공산당 주석 관저.
*주사파: 김일성 지도이념인 주체사상파主體思想派.
*종북좌파: 김정일, 김정은을 추종하고 북한식 자본주의 타도를 믿는 사람들.
*만족조: 김일성, 김정일의 업무 피로를 풀어주기 위한 기쁨조 중 성행위 봉사대.

역지사지

젖은 흙은 곰팡내
물고기는 비린내
사람은 사람 냄새
저마다 좋은 냄새다

턱을 고이고 졸고 있으면
옆방에 고요한 음악이 흐른다
작사자도 작곡자도 가수도 모르는 곡을
턱을 고이고 듣다가
고운 잠이 들어
미국인과 신 나게 이야기를 하다가 잠을 깨면
옆방 텔레비전에서 영어 방송을 하는 중이다

자기 것으로는
자기에게 맞는 냄새를 만들고
남의 것으로도
자기에게 맞는 생각을 만든다.

토네이도tornado 조짐

가을은 덥다
가을옷 차려입은 배우를 보면 덥다
겨울이면 에어컨 앞에서 땀을 흘리겠다

가을은 춥다
낡은 옷뿐인 옆집 사람을 보면 춥다
겨울이면 여름옷을 껴입어도 무릎에 찬바람 일겠다

둘러앉아 보리밥 먹던 옛날에는 따뜻했는데
남은 이밥 버리러 간 지금은
비프스테이크 버리는 사람 앞에서 으스스 떨리더니
감기가 오는 것 같다
이상기후 탓이라 한다
그런 것 같다.

전설 하나

외투를 벗어 주었는데
겉옷도 벗어달라는 부탁
대답을 못 하고 있는데 겉옷을 벗겨 간다

한 짐 지고 있는데
보따리 하나 얹자는 부탁
어정쩡하게 섰는데 보따리를 얹어놓고 간다

딸은 엄마의 옷을 벗겨 가고
아들은 아버지의 지게에 짐을 올리더니
아들딸들은 아들도 딸도 낳지 않는다

부모 모시니 빚 갚는 것이며
자식 키우니 저축하는 것이며
집사람과 끼니 이어가니
죽 그릇에 웃음 핀다는
짚신 장사 이야기는 오래된 전설.

이 땅도 안전지대가 아니다

작은 선생 입에서는 작은 뱀
큰 선생 입에서는 큰 뱀
선생 입에서 나온 뱀들은 땅속에 들지도 못하고
이 집 저 집 기웃거리다가
이 사람 저 사람 영혼을 무네

좋은 데 가자고 꾀어 목을 조르네
수단 방법 가리지 않고 대장이 되더니
무조건 따라오라고
어떻게 가는지
묻기라도 하면 반동이라고

덜 썩은 것을 아주 썩었다고 선동하더니
아주 썩은 것을 나름대로 쓸 데 있다 하네
땅속에 사는 뱀독은 사람을 살리고
선생 입에서 나온 뱀독은
보이지 않게 차곡차곡 쌓여 킬링 필드*를 만드네.

*killing field: 캄보디아 국민의 사상투쟁으로 학살된 사람들의 무덤.

속물이자살한다면살생죄일 뿐

바보 노무현 추모 글을 읽고*

어느 교수가
그것도 독일
프랑크푸르트 대학 철학박사가
노무현의 죽음은 순교도 아니고
소신공양도 아니고
민중을 깨어나게 하려는 운명적인 자살이니
우리가 미안해 할 것 없다는
궤변 같은 진실을 말했다

잘나지려는 친구는 경쟁자이니까
비굴하고 뻔뻔하고 악랄한 수법으로 몰아붙여
조선 당파 싸움에서 배운 대로 죽여도 완전히 죽이려고
죽은 개를 다시 걷어찬다
자기보다 못난 사람은 사람으로 보지 않고
자기보다 못난 사람이 말하는 것은 시기와 모함이라 한다
인격평등, 기회평등 길잡이보다
부동산 투기, 짬짜미* 길잡이를 따르는 우리는
남의 것을 빼앗아 잘난 사람이 되는 것이
자기를 사랑하는 짓이라고 생각한다

속물들이 에워싸고 위협해도 타협하지 않고
힘이 있어도 속물을 제거하지 않고
속물에게 깨우침을 주려고 자살하는 것은
남을 존중하고 사랑하는 것이기에
진정으로 자기를 사랑하는 일이다
속물과 타협하여 사는 것은 죽은 것이라 가르친
소크라테스도 진정으로 살기 위해 죽었다
속물은 아름답거나 운명적인 자살을 할 수 없다.

*2009년 도서출판 '작가마을'발행 '탄생' 독후감.
*짬짜미: 담합, 남모르게 자기들끼리만 짜고 하는 약속이나 수작.

국립소록도병원 유감

역사가 서럽다 말하네
천형天刑으로 괴로운 사람에게
유아독존 교황 요한 바오로 2세가 정말 다녀갔는가
세종대왕이 한센병 대책을 세웠다는 기록과
'육영수여사공덕비' 외에 우리가 한 일이 더 있는가

포교금지령에 순교를 기다리며
각국 기독교가 광주 부산 대구에 사립 한센병원을 세우고
일본이 서양 열강에
수탈자의 얼굴을 감추고 도덕국인 척하려고
'소록도자혜의원'을 세우고
오스트리아가 소록도에 평생 헌신 수녀들을 보내고*
벨기에 다미안 재단이 돈과 사람을 보낼 때까지**
수천 년 뿌리내려 전 국민이 받들던 토착종교와
인의예지와 핏줄을 앞세우던 우리는 소록도를 몰랐네

교황이 오기 전까지 한센인은
일반인이 쓰는 선착장과 선박을 바라만 보았다네
일본이 쫓겨간 뒤에도 자치권 요구자 84명을 학살하면서
인권 이전 시대에 있었던 일본 의료정책만 난도질하니
태풍 대비는 하지 않고 태풍만 나무라는 꼴이라고
어젯밤 꿈에도 백두산 신령이 한탄하였네

역적질하려고 민생 운운하면서
동족 같은 몽골족을 배반하고 이민족에게 빌붙더니
백성의 봉기가 두려워 임란 의리, 충효 운운하면서
동족 같은 만주족을 내치고 이민족에 붙었다가
삼전도 굴욕을 당하고
자비를 염불하며
소작농을 수탈하던 종교와
삼강오륜을 부르짖으며
못 가진 자의 목을 옭매던 조정이
소록도 강제노역을 불렀으니
이것이 천형天刑이 아닌지

지금도 한국으로 시집 온 사람을 구박하고
못 가진 자에게 설움을 안기니
또 어떤 천형天刑이 내려질지
꿈에 보일까 눈을 감지 못하겠네.

*세마비: 3M공적비. 세마공적비, 20대 나이로 1960년대에 국립소록도병원에 와서, 죽어서 소록도에 묻히고자?70대까지 봉사하다가 기력이 쇠잔하여 일할 수 없게 되자 소록도 식구에게 짐이 된다고 귀국한 오스트리아 간호사인 수녀 마리안, 마가레트, 마리아 송덕비.

** 다미안 공적비: 1966.4.15.~1971.4.15. 벨기에 다미안 재단이 국립소록도병원에 보낸 의료봉사단 송덕비.

환경조사로는 알 수 없으니

같은 곳에 자라고 머물러도
망나니는 망나니 신사는 신사
망나니 자식에도 신사가 있고
신사 자식에도 망나니가 있고
망나니가 자라서 신사가 되고
신사도 어느 순간 망나니가 되더라

환경조사로는
망나니가 나올까 신사가 나올까 알 수 없어
물성物性 조사차 물을 사람 몸속에 보냈더니
따뜻하기는 모두 36.5도 정도
단단한 것 여린 것 별것 다 있고
방사선도 막힘 없이 지나다니고
차이가 없더라고
물 같은 소리만 한다

무엇이 망나니가 되고
왜 망나니가 되는지
인성조사人性調査도 소용없으니
망나니도 신사도
신들이 장난으로 정하는 것인가.

배운 대로 했다

세상이 처음부터 완전하니
나도 너도 완전함이 틀림없다
온난화로 떠들썩하지만 지구는 완전한 것이고
인심이 무너졌다고 해도 그것도 완전한 것이다

맛이 변하는 것도 음식이 가야 할 길을 가는 것이다
음식을 신선하게 하려고
음식의 뜻은 물어보지 않고 갈무리하듯이
도덕 개념 빼고 이익만 가르치고
아이에게는 아이의 편함만 따랐기에
아이들이 조금씩 부서짐은
순리대로 운행되는 것이다

흰옷에 먹물을 뿌린 사람이 부모뿐이던가
행복하면 더 큰 행복을 찾는 사람에게
목표를 이루면 또 다른 목표를 구하라 하고
지는 것은 죽는 것이다 하여
술수를 쓰더라도 이기라고 가르쳤는데
배운 대로 하는 사람을 짐승 같다 하는가
세상 일이 다 순리를 따르는데
배운 대로 하는 사람에게 순리를 어긴다고 하는가.

이승은 천국인가

9층 건물 특장차特裝車 사다리 꼭대기에서
사다리와 함께 넘어진 사나이
기절했다가 깨어나니 이삿짐센터 사장만 있었다
다친 곳 없이 살아남은 것이 고마워
특장차 기사를 석방하라고 도장 찍은 뒤
온몸에 피멍이 번졌다
후유증 치료 중에
특장차 기사가 5백만 원을 가져왔을 때
3백만 원을 돌려주고
서울도 싫고 사다리도 지긋지긋하여
꿈을 접고 고향으로 왔다

명부冥府에서 막노동꾼을 이승으로 돌려보낸 것은
아직 죽을 때가 아님이었나
날씨가 흐려 온몸이 쑤셔도
3개월짜리 공공근로장에 떠도는 것은
악업惡業*이 많아 지옥으로 돌려보내진 탓인가
선업善業이 많아 천국으로 돌아온 탓인가.

*악업: 삼성업三性業(善業, 惡業, 無記業) 중, 나쁜 과보果報를 부르게 하는 행위(行業).

잔인한 계절

파리 떼 따라
들개가 킁킁거리며 찾아간 곳에
이리 떼가 저마다 힘자랑한다

비릿한 냄새 찾아
살쾡이가 찾아간 으슥한 곳에
좋은 세상 만들겠다는 이리 떼가
편을 갈라 물고 뜯는다

제가 짖은 것을 반대편이 짖었다고 뒤집어씌우고
반대편이 짖은 것을 제가 짖었다고 우기고
空約을 짖어대는 깃발에 숨긴 핏자국
생고기 썩는 냄새가 나도
토끼들은 알아보지 못한다

토끼 탈을 쓴 이리들이
수렁으로 만든 토끼풀밭에
들개와 살쾡이가 영역 다툼을 한다
토끼들은 탐진치貪瞋痴 나룻배에서 춤을 추느라
배 밑창에 물이 차올라도 보지 못한다.

*탐진치: 욕심내고 성내고 어리석음.

충남 금산 700의총義塚

군역軍役에도 받아주지 않는 충청도 전라도 노비와 천민이
거동이 불편하여 집이나 지키던 양반들과
항일 의병으로 싸우다가 객사한 뼈들을
광우병 소를 다루듯 무더기로 묻고
조촐한 비석을 세운 것은 조선 중기 선조의 시혜施惠였다

경술국치 후 일본이 이 뼈들을 파헤치고
항일 사실을 새긴 비석을 폭파하였으나
광복 후 다시 비석을 세우고 봉분을 만든 것은
충청남도 금산 군민의 호국 민심이었다

박정희 장군이 혁명에 성공한 1963년에 참배한 후
묘지를 정비하고 둘레돌을 세워주고 건물을 지었다
박정희 대통령은 국가원수 시절에 너무도 한가하고
국고에는 경제개발 계획에 쓰고 남은 돈이 너무도 쌓여
700의총에 수시로 참배하고 호국도장으로 성역화하였으나
후임 국가원수는 한 사람도 오지 않았다
자식의 부정을 감출 모의로 바빴고
노벨상 공작하느라고 바빴고

서울 불바다를 실현할 화약 비축을 옹호하느라 바빠서
항일 의병이 있었는지 생각해낼 수도 없었다
살아서는 양반의 천대로 내세나 기다리던 700영혼英魂
고관들은 친일청산과 기층민의 인권신장에 바쁘고
기층민조차 남북화합과 친일청산으로 바쁘지만
항일 700의사 신분이 노비와 천민이어서 그런지
사당이 무너지는지 향사나 지내는지 물어보지도 않는다
지금 취의문 앞마당에는 볕이 좋아도 너무 좋아
박정희 대통령과 조헌 선생과 영규 대사를
700영혼英魂이 둘러싸고 앉아 소금 한 줌 놓고
막대접과 막사발로 막걸리나 마신다.

천하제일복지* 푯돌

천하제일복지의 주인 대한제국 황제가
섬나라 일본 조무래기 정치 폭력배에게
황후가 능욕당하는 것을 직접 보았다

천하제일복지의 주인인 국모가
만인 앞에서 폭력배에게 능욕당한 것은
명당이 명당 구실을 할 수 없었음이 분명한데
지하 수맥이 그 땅에 맞게 변할 때
다시 천하제일 명당이 될 것이라 하면
천하에 천하제일 명당 아닌 땅이 없다

명당이 명당 구실을 할 수 없었음은
나라가 힘이 없었기 때문이고
나라가 힘이 없었던 것은
국민이 무지하여 무능하게 된 탓이라 하면
명당 노래 부르지 말고
국민 계몽 총화를 노래해야지
폐하의 무리가 편을 갈라 사욕만 채운 탓에
천하제일복지가 갈가리 찢긴 피 묻은 옷 위에
능욕당한 곳을 가리지도 못하고 서 있다.

*천하제일복지: 청와대(서울특별시 종로구 세종로 1번지) 안에 있는 천하제일 명당 터. 고려 때부터 명당으로 보았다. 한양(서울)의 지세가 전체적으로 자궁 모양인데, 경복궁 후원(청와대)이 자궁의 급소라고 한다.

기부 문화

기부한 것을 온 세상에 알리고
그것보다 큰 것을 얻으려고
재벌은 이 땅에서 기부를 사업으로 한다

오른손이 한 일을 왼손이 모르게 기부하지만
하나님은 알 것이라고
기부천사는 꿈을 꾼다

적은 기부가 부끄러워 감추어야 하는
소시민은 기부에 대한 자부심도 없다

물적 이익을 노렸든 영적 이익을 노렸든
기부금은 많을수록 좋지만
등을 흠뻑 적시고 겨우 얻은 오늘 먹을 양식을
갈 길 먼 나그네와 나누는 소시민이 있는 것은
말세를 지킬 하나님이 만든 안전장치이다.

워킹 푸어working poor

파젯날이나 되어야
이웃 사람 불러 염장산적鹽藏散炙 한 토막 먹는 세월이 지나
불러도 오지 않을 이웃집이 싫어 문 걸어 잠그고
가족끼리 여는 불고기 파티가
첫 번째 허들hurdle에 걸렸다

이밥에 고깃국이 소원이던 때도 있었던가
쇠고기 육회도 참돔 회도 남아나는 세월에
자식이 유일신이 된 내리사랑이
두 번째 허들을 넘다가 넘어졌다

다 같이 시래기 죽 그릇도 핥아 먹고
다 같이 허기졌지만
다 같이 마지막 허들까지 넘었는데

누구는 쇠고기 육회를 버리고
누구는 세계의 두뇌가 되었다고 나라가 떠들썩해도
내려앉는 서까래 하나 바로잡지 못한다.

남해 '독일마을'*에서 본 인면수심

한국에서는 중산층 계급인데도
이민족 만리타국의 천민이 될 것을 자원했던 청춘들
동생들의 학비를 만들어 부모님께 효도하려고
자존심과 땀을 주고 바꾼 노임이
박정희 경제개발 자금이 되었다는 말을 확인하고 싶었고

박정희의 경제개발기금 차관을 미국이 거절하자
독일에 경제개발기금 차관 조건으로
광부와 간호사를 파견했다는 말과
지상 최악의 거지 나라였던 한국의 대통령 부부와
향수와 외로움에 병든 청춘인
한국 근로자들이 얼싸안고 우는 것을 보고
한국 장래를 독일 국민이 믿었다는 말도 확인하고 싶어
자그마한 독일마을 골목을 오르내렸으나
물어볼 독일마을 사람은 없었다

방독 기간 박정희를 지켜본 뤼프케(Lubke, Heinrich) 대통령은
독재자라고 김일성이 손가락질하는
박정희를 선량한 지도자로 믿게 되었다는 것과

박정희가 쿠데타로 민주주의를 파괴했다고 치를 떨었던
한국 지식층인 파독派獨 근로자들이**
독일에서 박정희 숭배자로 변했다는 것과
불어난 종북혁명세력이 나라 근심이라는 절대다수 여론에 대하여
독일마을 사람들의 생각이 궁금했으나
마을에는 사생활을 침해하지 말라는 안내문뿐
수구초심首邱初心 돌아온 애국자들이 지금은
독일에 남겨둔 자식과 제2 고향 향수에 밤잠 설친다는데

독일인과 같은 조건으로 많은 임금을 받아
최저생계비만 남기고 부모님께 보내도
동생들 학비와 고향 가족은 밑 빠진 독이라
귀국 늦추고 타국 전전하다가 혼기 놓치고
돈 떨어지고 황혼 맞아 부모님 임종도 놓쳤는데
내 돈으로 공부하고 자란 동생들은
무한 경쟁 물질숭배자가 되어
나를 알아보지 못한다
만리타국에서 조국과 부모형제에게 헌신한 세월 탓에
제1 조국도 제2 조국도 내가 설 곳이 아니라는 서러움만***
독일 서민풍의 좁은 집들 사이로 안개처럼 흐르고

독일로 간 한국 젊은이가 있었던 것을 모르는 요즈음
한국의 미래를 보장할 인재를 낳고 기르고
국제 분쟁과 경제전쟁에서 친한파가 되어
세계진출과 자연자원을 조달할 일꾼이
외국에서 시집온 여자들과 타국 근로자들임을 모르는 척
마구간에 깔린 짚이듯 짓밟아서
인간존중 동방예의지국의 대들보도 기둥도 내려앉는다.

* '독일마을'은 향수병에 걸린 재독 한국인 근로자와 그 배우자들이 경남 남해에 만든 독일풍의 마을 이름임.

**1960년대 말까지는 100가구가 되어 시골에서는 찾아보기 어려운 큰 마을이었던 경주 고향 마을에서도 고등학교 졸업자가 3% 미만이었는데, 학자들의 연구자료를 보면, 파독간호보조원은 고등학교 졸업자 이상이었고 파독광부의 30%인 학사 중에는 중고등학교 교사도 많았고 중학교 졸업자가 가장 적었으니 인구비율로 보면 그들은 한국 지성인이었다.

***제1 조국은 고국(한국), 제2 조국은 현재 소속된 국적국으로 주로 독일을 지칭함.

그래도 천사

너무 모은 돈이
자식들 간 불화의 씨가 되어도
생전에 소리 높여
빈손으로 갈 몸이라고
노래하지는 않았고 그것이
판사 변호사에게 일거리를 주고
나라가 많은 소득세를 거둘 수 있게 하였습니다

어리석은 자를 꼬드길 때
너를 속이지 않는다는 말만은 참았고요
남을 앞질러 가도
직접 해치지는 않았지만 그것이 뒤진 자들에게 병을 주어
병원과 제약회사에 일거리를 주고
많은 사람의 일터를 만들었습니다

욕심을 내고 다투어도
짐승들만큼만 했으니
짐승이 악마가 아니면
당신도 악마가 아님은 분명합니다

자선을 권하면서 착취하고
부귀와 명예를 버리라 하면서 그것에 목매고
전해 내려오던 남의 허물까지 뒤집어씌워 경쟁자를 죽이려고
엄청난 악마의 허물에는 눈조차 감고 두둔하는 사람도
이웃을 위하여 진실만 말하는 지도자라고 술렁대니
당신은
속이지 않는 것만으로도 천사입니다.

염병 중의 염병

판매목표를 높게 배당하시고 회초리를 휘두르시면서
담배를 피우면 죽는다고 다짐받은 분에게만 팔라 하신다
생산하지 않으면 될 것을
무슨 염병인가

담배 판매를 말라고 하시면서
연초에서 얻을 세금을 대신 내지는 않으시겠다고 하신다
무슨 염병인가

이런 염병, 저런 염병
어느 염병이 더 지랄 같은가
죽어도 당신 것은 움켜쥐시고
천 원만, 천 원만 하시는 분이나
억, 억, 억도 모자라 조, 조, 조 하시면서
남의 것을 빼앗으시는 분도 계신다는데….

제 5 부

다시 안갯속 으로

산을 넘는다

겨울이라 했으나
여름이었는지 어렴풋하다

주문만 하면 다 된다 했는데
마음대로 주문할 수 없는 집
편히 쉬는 주막이라 했는데
너도나도 찬밥 한 덩이에 일어선다

무턱대고 나선 길
앞에 가는 사람 보였다가 사라지고
따라오는 사람 보였다가 사라지고
어디쯤서 짚신을 갈아 신을까

내려가는 길은 없는 산길
보따리 풀어
주먹밥 들고 앞뒤를 둘러보니
등 뒤에 따라오던 해가 앞서고
앞서 가던 그림자가 등 뒤로 눕는다

앉으면 궁둥이부터 젖어드는 얼음판을
햇살이 비비적댈 때마다
부서지고 밟히는 얼음이 반짝이고
억새는 흙 속 깊이 발을 넣는다.

궁금증

전날보다 잘 보인다
아직
무엇인지는 모르겠다

길 가 돌부리에 앉은 나를 보아도
어떻게 여기에 앉아 있는지 모르겠다
누구와 여기서 만나기로 했는지도 모르겠고
일부러 자리 잡은 것 같지도 않다

지난날보다 분명해진 것은
길이 끝나는 곳이 저기 있다

다가설수록 궁금한 저기를
연꽃 만발한 곳이라 했다가
유황불 끓는 곳이라 했다가
개망초가 아무렇게나 피는 곳이라 하니
그중에 하나는 골라야 할 것 같아
이태백을 불렀는데
막걸릿잔이 철철 넘쳐도 대꾸가 없다
저쪽 술에 취해서
이쪽 술은 잊었나 보다.

중환자실

어제 넘지 않은 고개에
구름이 다시 걸렸다

산이 높아 못 넘느냐
뒤에 남은 구름에 발목 걸려 못 넘는다

천도재薦度齋를 지내주랴 살풀이를 해주랴
다 싫으니
발목 잡는 구름과 함께 있게 해다오

그것은 안 되지
네 갈 길은 내가 정한 것이 아니네
가자, 못 간다
두 그림자 기진맥진氣盡脈盡

희망과 절망이 시시덕거리는 낯선 세계
가족도 빚쟁이도 천근만근.

가뜬히 가게 두어라

긴 밤을 이슬 맞고 기다리던 감꽃이
벌 나비와 한나절
어렵게 받은 씨앗인데
어린 감은 개똥밭에 데굴데굴 먼 길 나선다

감꽃은 며칠 동안 수정받는 일
어떤 감은 초여름에 떨어지는 일
어떤 감은 겨울에 까치밥이 되는 일

개똥밭에 굴러도 이승이란 말은
삶의 열매가 죽음임을 잊으려고 뱉는 말이다
싹이 돋는 것이 축복이듯이
지는 것도 축복이다
떨어진 어린 감도 일을 마친 것이 아니다
다른 곳에 일하러 가는 것이다

알 듯, 보일 듯
하염없이 가게 되는 길
가다가 막히면 딴 길이 나온다
내 어머님도 가신 길이다
눈물로 새 길을 얼룩 짓지 마라
가뜬히 가게 두어라.

찻물 올려놓고 기다리겠다

사라졌다가 나타난 배가
나를 예전의 배가 아니라 한다
어디에 있었던들
시간이라는 파도에 깨어지지 않는 것도 있는가

조금 달라진 채로 다시 만나는 것이 아니라
하나는 물 하나는 바람으로 만날 수도 있겠지

내 머리카락과
머리카락을 흔드는 이 바람도
한때는 한 쌍의 비둘기였을지도 몰라
날아가는 저 나비와 내가
로미오와 줄리엣으로 만날지도 몰라

이별이란
무엇과 무엇으로 다시 만나게 하려는 핑계가 아닌가
너는 언제 다시 오는가
다시 만난 들 알아볼 수 있을까
가뭇없는 인연
찻물 올려놓고 기다리겠다.

세월에는 가속도가 붙는다

봄은
여름옷 지으려고 물을 긷는 아침
여름은
가을옷 지으려고 노을빛 모으는 한낮
가을은
땀에 저린 옷을 벗고 기도하는 저녁
겨울은
봄꽃을 보려고 불을 지피는 밤

나무가 하루를 사는 동안
나는
이 집 저 집 기웃거리며 불평하느라고
세상은 아름답고 할 일도 많다는 말을 잊었는데
꽃구름으로 온 벚꽃이 하얗게 길에 쌓이고
붉어진 벚꽃 가지에 푸른 물이 든다

돌아볼 틈 하나 없는 듯 살아도
한 일이 없는데
또 새벽이 왔는가
나무가 물을 긷는 두레박 소리.

만들고 부수어도 내 것이 아니다

장마 뒤에나 한 이틀 흐르는 개울에서
바닥을 긁어모아 둑을 만들고
물을 끌어들인다
돌을 골라 폭포를 만들고
풀줄기를 꺾어 물레방아를 만든다

한나절도 되기 전에 자갈 바닥은 볕에 타고
풀줄기 물레방아는 돌지 않는다
물레방아 앞에 망연히 섰던 아이를 밀어내고
다른 아이가 폭포 뜯어낸 돌과 모래로
그 자리에 메뚜기 집을 짓는다
못도 물레방아도 처음부터 없었던 것이다

메뚜기 집도
메뚜기 집이라 이름 짓지 마라
메뚜기 사라지면
메뚜기 집도 처음으로 돌아간다

생기고 없어진다고
태어남과 죽음으로 가르지 마라
개울 바닥이라고도 할 수 없는 개울 바닥은
물레방아도 메뚜기 집도 아니고
만들고 부수어도 내 것이 아니다.

착각

물이 흐른다
흐른다는 착각에 빠졌다

꽃이 핀다
핀다는 착각에 빠졌다

아무것도 변하지 않는다
흐르고 피는 것은
변하는 듯 보이는 혼돈일 뿐이다

너와 내가
헤어진 것도
시간이 흐른 탓이 아니다
솔로몬의 지혜도
칭기즈칸의 말발굽 소리도
우주 운행의 혼돈일 뿐이다.

죽음은 태어남이다

모란꽃이 지는 날 비가 온다
비는 태어남을 축하하러 온 것이다
꽃으로 태어났을 때 신이 기뻐했듯이
낙화로 태어나는 것도 신이 기뻐한다
역사는 발전한다
비가 물이 되고
물이 나무의 피가 되는 것도 역사가 발전하는 것
발전하는 것은 다 변하는 것이다
내 살이, 내 피가, 내 머리카락이
썩을 준비를 하다가
어느 날 곰팡이가 되거나 모란꽃이 된다
썩는 것은 새로운 것으로 태어나는 것이다
거름이 꽃이 되든 꽃이 거름이 되든
변하는 것은 태어나는 것
태어나는 것은 발전하는 것이다.

세월이 데리고 간다

찬 서리 새벽에
기침하는 억새
바람이 흰 머리 잡아당기고
억새는 목을 뻗대다가
허리가 굽었다
젊었을 때는 끌려가는 줄 몰랐다가
늘그막에는
바람에 뻗대며 뒷걸음친다

바람조차 어쩌지 못하는
억새를
세월이 데리고 간다
흙에 숨어들면 흙까지
바위에 기대면 바위까지
세월이 데리고 간다.

유언

나, 네 체온을 잊고 간다
바람에 사각대던
내 숨소리 찾지 마라

나, 살던 땅 냄새 버리고 간다
풀잎 끝 송골송골
아침노을 저녁달 찾지 마라

나, 햇살에 헤엄치는 먼지가 된다
어디에도 걸림 없는
본래의 내가 된다.

나그네

덮개 없는 열차가 목적지도 없이 달린다
기관사도 없고 안내인도 없다

떨어지듯 빠른 내리막길에서 던져져 들어오기도 하고
멈춘 듯 느린 꼭대기에서 밀려 떨어지기도 한다
떨어졌다가 낡은 끈을 잡고 다시 올라오는 사람도 있다

들어오는 사람을 환영해놓고
곧 날카로운 이빨을 드러내고
자리다툼을 시작한다
이쪽저쪽 더 편한 자리를 찾아다녀도
언제나 좋은 자리는 다른 곳에 있다
불편한 대로 장막을 치고 앉아
젖은 옷을 벗지 못한 채 옆 사람을 본다

오르락내리락 휘어진 길
떨어지지 않으려고 몸부림치던 사람이
뛰어내려도 떨어지지 않을 길에서 떨어지더니
보이지 않는다
낯선 사방천지 어느 쪽을 보아도 아득하다

떨어진 사람의 흔적을
남은 사람은 금방 잊고
새로 오는 사람은 찾지 않는다.

겨울 나무 이야기를 듣는 이 없다

세월에게 말을 보냈다
세월은 내 말을 어깨에 걸친 채 걷다가
해그늘*을 만나 일어선 어머니 의자에 앉았다
어깨에 걸쳤던 내 말은 바닥에 떨어지고
세월도 바닥에 떨어진 말도 혼자만의 생각에 잠겨
머리에서 빠진 내 머리카락처럼
나를 생각하지 않았다

물안개를 지나 서쪽으로 간 어머니가
물안개 너머에서 나를 보고 있어도
어머니 말을 듣지 않듯이
내가 보낸 말도 듣는 사람 없다는데
하물며 세월에게 무엇을 바랄까

말이나 세월이
누워있든 잠을 자든 내 말을 듣지 않는 것은
그들도 제 근심을 털기에 바쁜 탓이다
오늘 내가
다른 일을 제쳐두고 하는 바쁜 일은
스산한 바람 앞에 앉아
손만 비비다가 하늘을 보는 것이다.

*해그늘「명사」햇빛이 가려서 진 그늘.

장발장은 16년을 감옥에서 살았다

나폴레옹은 명예를 얻어도
장발장Jean Valjean은 감옥에 갇힌다

신은
죽이지도 죽지도 말라 하고

사람들은
많이 죽이면 영웅이라 하고
적게 죽이면 살인자라 하더니
힘 없는 사람이 신의 뜻을 따라
살려했을 뿐인데 벌을 내리고
힘 있는 하나가
우주 만물에 제일은 자기라고 떼를 쓰더니
신의 이름으로 법을 만들고
우주 만물을 자기 것이라 한다

신의 뜻대로 이루어져야 하는 세상에
먹는 것 때문에
만물을 깔고 사람이 앉고
사람을 깔고 사람이 앉더니
사람이 신이 되고
신의 땅은 한숨으로 가라앉는다.

방랑 거사

양지쪽에 앉아 얼음 섞인 밥을 먹고
밭둑 밑에 웅크려 고향 꿈을 꾼 아침에
오늘 밤 잘 곳을 걱정하면
해가 진 외딴 골짜기
검은 산 그림자가
목을 조이러 와도 두렵지 않으리라
가지고 싶어도 가지지 못하고
하고 싶어도 하지 못하는
설움
흩어지는 구름 같으리라
가진 것도
아는 것도
소용없음을 알았으련만
오늘 새벽
마누라 꿈을 꾸었는지
다리 밑에서 올라온 방랑 거사
찢어진 침낭을 지고 마을로 들어간다.

길을 떠나자

바람이 불면 길을 떠나자
비 오는 겨울밤 길을 떠나자
변두리 담 밑에서 바람을 피하고
빈집 처마 밑에서 비를 피하면
철 지난 헌 옷도 남의 새 옷보다 편하고
단칸방도 남의 기와집보다 편한 것임을
알 수 있다 한다
잔칫집 술과 고기도
오두막 나물비빔밥보다 못함을
알 수 있다 한다
가진 것이 많음을 몰랐는지
살던 곳이 천국임을 몰랐는지
알고 싶으면
비바람 부는 겨울밤 길을 떠나자.

촛불

문틈 바람에도 바람나서
헤실헤실 웃다가
허리를 비비 꼬다가
춤을 춘다
잔칫집 무희가 되어 혼자 춤을 추다가
황실 잔치 황후가 되어 쌍쌍이 춤을 춘다
춤추지 않는 것은 모두 태우리라
주체 못하는 열정熱情 1,400°C
폴짝폴짝 뛰다가 빙글빙글 돈다
아지랑이 부러워 아지랑이처럼 춤을 주다가
태풍을 이기려고 태풍처럼 춤을 춘다
사랑이 끝날 것을 잊으려는 듯
사라져야 할 것을 잊으려는 듯.

어디로 가느냐고 묻지 마라

어디 있느냐고 묻지 마라
그냥 여기라고 할 뿐
여기가 어딘지 모르니
어디라고 대답할 수 없다

지나온 길을 묻지 마라
시골 길 논둑길이라고 하면
네가 알고 싶어하는 길은 아닐 것
어떻게 살았느냐 묻는다면
내가 가진 슬픔이라는 게
네가 가진 슬픔보다 크지도 않았고
너보다 초라하여도
깜냥에 넘치게 살았다

갈 길을 묻지 마라
가고 싶은 길과 가게 되는 길은 다른 것
소천한다 하여도
가기 싫은 길을 피하지 못하여
마음을 비운 것
대의를 위한 자결도
정작 가고 싶은 길은 아닌 것

내가 걸어온 차선의 길은
언제나
엉뚱한 곳에 닿았다.

언제쯤

봄꽃 피는 아침에 온다고 했던가
햇살 고운 양지쪽에 있겠다 했던가
매화 향기 그치고
살구꽃 향기 가득한
양지쪽 봄풀 속에는
오일장에 곁보리 한 사발과 바꿀
쑥 한 줌 뜯는 손길 늙었다

목숨을 이어간다는 것이
긴 터널을 지나가는 것인가
그가 기다리는 곳이 터널의 끝인가
끝을 향해 한없이 걸어도
끝을 알 수 없다

알 수 없는
그를 기다려
다시 새봄 맞기를 몇 번인가
평생을 기다리시던 어머니도
죽음에 이르러서 그를 만나셨을까.

나이

장송가는 부르지 말게 피할 수 없으면
해운대 엘레지를 부르렴
단말마의 비명은 듣지 말게 피할 수 없으면
처량한 밤 귀뚜라미 소리나 들으렴
귀울림耳鳴이 있어도
새소리 좋지 않은가
눈안개 끼어도
가로등 붉은빛 좋지 않은가
이슬비 내리는 소리 들으려 말게
풀잎에 그어진 잔금 읽으려 말게
귀울림 없을 때도
산 너머 나비 날갯짓 듣지 못했고
눈 밝을 때도
바다 건너 소라 껍데기 보지 못했네
열다섯 총명한 나이에도
어제 일이 눈앞에 보듯
생생하지는 않았네
조금은 모자라는 것도 좋아
조금은 잃는 것도 좋아.

다시 안갯속으로

시작이 언제였는지 모르는 여행이다
아버지 몸을 떠나
어머니 어둠 속으로 갔다가
탈출하였다
애면글면 꿈꾸던 곳에 도착하면
어둠 속으로 또 한 발 들여놓는 욕심

물컹한 것이 뱀인 듯하다
섬뜩한 바람이 블랙홀black hole 입구인 듯하다
소름 돋는 낮과 밤
낮과 밤이 도는 사이
신기루만 좇아가다가
무엇을 찾는지도 모르는
아귀餓鬼가 되었다

탐욕이 끝나면
새로운 탐욕을 따라가는 것은
어느 행성에 자족감自足感을 두고 온 탓일까
뱀 나라를 지나고 블랙홀을 지나고
해탈문解脫門이 열리면
어느 행성行星으로 가는 길이 있을 거라고
어둠 속으로 또 한 발 들여놓는다.

잃은 것을 찾아서

집을 나와서 잃은 것이 무엇일까

배고픔, 아픔, 슬픔, 좌절은
내가 가졌던 것을 잃은 것에서 온다

한비야는
“내가 가진 재능을 돈벌이에만 써서야 되겠느냐?”
맹자는
“닭이 우는 새벽에 일어나서
종일토록 이익을 챙기는 사람은 도척盜蹠의 무리다!”

부귀가 속세의 거품이라 하면서도
부귀를 구하다가 얻지 못하니
쓸모없다 했던 명예에 매달리는 것은
내가 가졌던 무엇을 잃었기 때문이다

타고난 완전을 버리고
다른 완전을 찾아 집에서 나왔다가 집도 잃었고
잃은 것 때문에 미망迷妄에 빠졌다
늙고 병드는 것도 잃은 것에서 온다

잃은 것은 죽음에 이르러야 보일까?

해탈

물에 젖은 꼬리를 끌며 대문 앞에 앉았다가
구르는 손수레 밑으로 숨어들던 고양이
바퀴에 다칠세라 불러도 나오지 않아
조심조심 손수레를 치우니
담 밑으로 비실비실 기어가던 고양이
엄마와 형제들이 버린 지가 며칠째이던가
창고 안 냉장고 앞에 네 다리 뻗고 굳어 있다

숨어서 사람을 살피다가
눈이 마주치면 달아나던 날랜 생명 하나
어제는 코밑에 손을 내밀어도
앙탈도 미동도 하지 않더니
오늘은 사람의 영역에 찾아와 긴 잠에 들었다

두려움도 아픔도 사라지고
원망도 사랑도 털어 내고
분홍 터널 끝
장미꽃 환한 곳으로 갔는가
화단에서 잠든 쥐를 쓰레기봉투에 넣었듯이
창고에서 잠든 고양이를 쓰레기봉투에 넣는다.

필연

갈까 말까
있을까 말까
안 가고 안 있어도 뜻밖의 일은 없고
볼까 말까
들을까 말까
보고 들어도 뜻밖의 일은 없고
망설이다가 놓친 일 있다가도
망설이다가 잡은 일도 있었다

어느 날 어떤 곳
사람의 망설임이
신이 만든 필연
그날 그 자리
너와 나 우연이
신이 내린 필연.